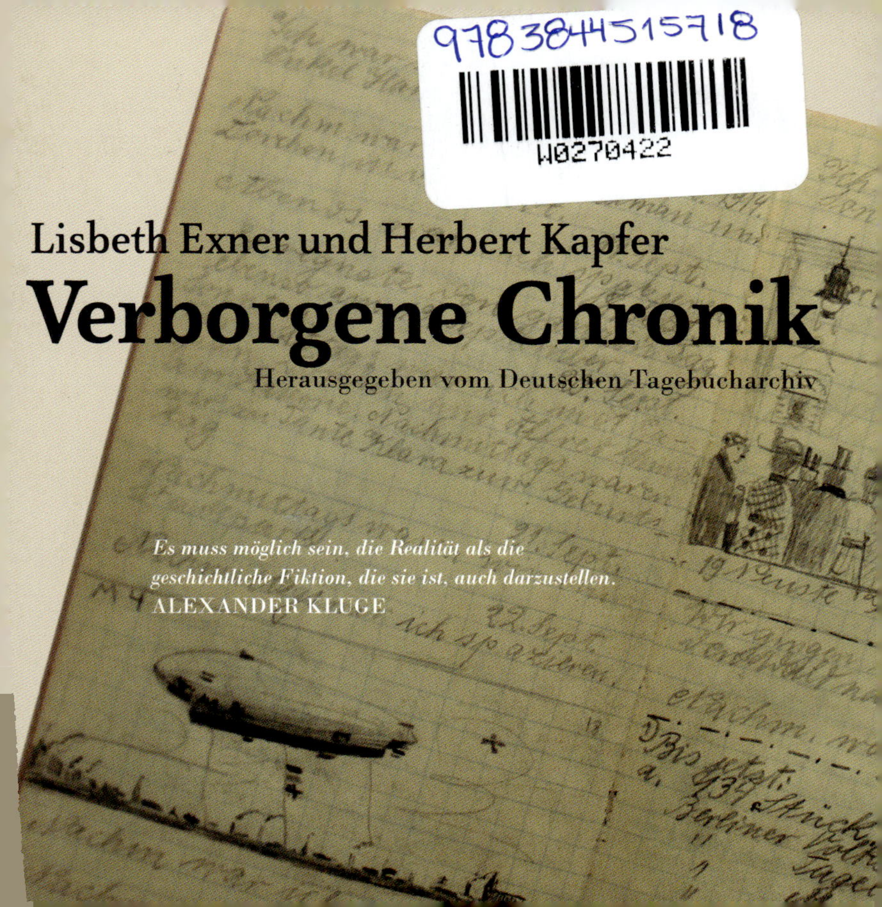

Lisbeth Exner und Herbert Kapfer

Verborgene Chronik

Herausgegeben vom Deutschen Tagebucharchiv

Es muss möglich sein, die Realität als die geschichtliche Fiktion, die sie ist, auch darzustellen.
ALEXANDER KLUGE

VORWORT

Zufälle aller Art haben die Aufzeichnungen, aus denen die *Verborgene Chronik* schöpft, ein Jahrhundert lang vor der Vernichtung bewahrt. Auf verschiedenen Wegen fanden sie, von privaten Besitzern übergeben, in das Deutsche Tagebucharchiv. Die Motive und Entscheidungen, die letztlich zum Erhalt und damit zur Überlieferung der Aufzeichnungen beigetragen haben, sind nur bedingt und manchmal gar nicht rekonstruierbar. Auch die Absichten und Wünsche derer, die diese Aufzeichnungen verfassten, sind im Einzelnen unbekannt. Wir können nur feststellen, dass diese Tagebücher im Gegensatz zu anderen Selbstzeugnissen nicht zerrissen, verbrannt, verschüttet oder weggeworfen wurden und dass sie uns nun für eine vielstimmige historische Erzählung zur Verfügung stehen. Das erhalten Gebliebene, das Handschriftliche und das Getippte, ist der Stoff der *Verborgenen Chronik*. Was sie berichtet, ist dementsprechend vom Zufall getragen. Eine *Chronik* mit anderen Aufzeichnungen hätte einen anderen Erzählverlauf. Sie wäre eine Geschichte anderer Möglichkeiten.

In diesem Hörbuch kommen nur unveröffentlichte Tagebücher zu Wort. Es beginnt am 27. Juli 1914, einen Tag vor der Kriegserklärung Österreich-Ungarns an Serbien, es endet mit dem ersten Tag des zweiten Kriegsjahrs, am 1. Januar 1915. Es berichtet von den spontanen und inszenierten Kundgebungen und Truppenverabschiedungen an Bahnhöfen, von den seit der Mobilmachung einsetzenden Veränderungen des gesellschaftlichen und alltäglichen Lebens und den wechselvollen, zwischen Nationalstolz, Angst und Trauer hin- und hergerissenen Stimmungen in der Heimat, von ersten militärischen Erfolgen und Niederlagen im Sommer bis zum Beginn des Stellungskrieges, wie er bereits ab November 1914 vor allem die Westfront für Jahre beherrschen sollte. Es erzählt, wie aus der Sicht Einzelner Geschehnisse erlebt wurden, die heute Teil der Geschichte des 20. Jahrhunderts sind – chronologisch, mit ständig wechselnden Schauplätzen und Perspektiven. Die für die *Chronik* verwendeten Aufzeichnungen sind durchdrungen von der eigenen unmittelbaren Beobachtung und Erfahrung. Sie entstanden jedoch nicht unabhängig von der öffentlich zugänglichen Information, sondern sind beeinflusst von Kriegsberichterstattung, Regierungsverlautbarungen, Propaganda und politischen Lügen, von Zensur und verlegerischer Selbstzensur. Die *Chronik* zeichnet Bilder verschiedener Bewusstseinslagen aus einer vergangenen Zeit. Politische Unwahrheiten, Täuschungen und historische Irrtümer werden nicht widerlegt, der Horizont der dargestellten Zeit nicht verlassen. Im Vordergrund steht die zeitnahe, subjektive Niederschrift von Berichten und Reflexionen.

Es mag vielleicht auch manchen Hörerinnen und Hörern so ergehen, wie es uns bei der Zusammenstellung und Montage der Selbstzeugnisse erging. Die Verfasserinnen und Verfasser der Tagebücher, über die in vielen Fällen nur bekannt ist, was aus ihren Notizen hervorgeht, nehmen mehr und mehr Gestalt an: Aus Berichtenden werden Figuren. Ihre Einträge beschreiben eigene Erlebnisse. Es sind Nahaufnahmen, die eine Fülle unbekannter Details sichtbar machen und gleichzeitig die Ausschnitthaftigkeit der Beobachtung, die Begrenzung der eigenen Erfahrung, des eigenen Wissens und der individuellen Handlungsmöglichkeiten zeigen.

Wir stellen uns vor, wie damals die verordnete militärische Mobilmachung einherging mit einer alltäglichen und individuell erlebten: Die Wahrnehmung und das Gefühl, an großen, epochalen Ereignissen teilzunehmen, eine Art innerer Mobilmachung, dürfte viele Menschen bewegt haben, ab Kriegsbeginn eigene Beobachtungen und Erlebnisse festzuhalten – sei es aus dem Bedürfnis rein privater Orientierung, sei es aus dem Bewusstsein eigener Zeitzeugenschaft heraus, das schemenhaft den möglichen Einfluss erlebter Gegenwart auf die Zukunft begriff. Wir wissen heute, dass der Kriegsbeginn Auslöser für das Entstehen einer regelrechten Schreibbewegung war.

Es wurden nicht nur massenhaft Tagebücher angefangen, es entstanden angeblich allein im Monat August 1914 in Deutschland auch über Hunderttausende Kriegsgedichte. Aber was besagt so eine Zahl? Sie sagt etwas aus, wenn sie in eine Relation zu anderen Zahlen gesetzt wird: Vier Millionen Männer wurden im August 1914 eingezogen. Bis Dezember 1914 hatte die deutsche Armee über 300.000 Tote.

Die Aufzeichnungen zu diesem Band der *Verborgenen Chronik* stammen von 35 Tagebuchautorinnen und -autoren. Sie kommen mit fast täglichen Einträgen oder auch sporadisch zu Wort. Sie treten irgendwann mit ihren Notizen in die Montage-Erzählung ein und geraten zu einem anderen Zeitpunkt wieder aus dem Blickfeld. Im Laufe der Kriegsmonate kommen neue Tagebuch schreibende Beiträger hinzu, während andere verschwinden – weil sie ihre Skizzen einstellten aus Gründen, die unbekannt sind, oder weil der Tod zum Abbruch der Aufzeichnungen führte oder weil die Einträge unsere Gesamtdarstellung nicht oder nur geringfügig bereichert hätten. Aus unserer Sicht bot es sich nach intensiver Lektüre an, die Aufzeichnungen zu den ersten Kriegsmonaten in einer literarischen Montage vorzustellen, die eine Chronik mit häufig wechselnden Schauplätzen ergeben sollte – auch und gerade, weil sie Lücken in den Ereignisfolgen zeigt und mit jedem Wechsel oder Schnitt die fragmentierende Erzählweise in Erinnerung bringt. Der entstehende Erzählraum der *Verborgenen Chronik* umfasst in seiner Gesamtdimension den Ersten Weltkrieg bis zu seinem Ende. Die stoffliche Fülle der auf drei Bände angelegten Edition, die bei Galiani Berlin erscheint, beruht auf den von insgesamt 189 Autorinnen und Autoren geschriebenen Tagebüchern, die uns der Herausgeber, das Deutsche Tagebucharchiv, großzügig zur Verfügung stellt.

Lisbeth Exner, Herbert Kapfer

DIE AUTOREN

Lisbeth Exner, promovierte Germanistin, Publizistin, Autorin; seit 1994 zahlreiche Radio-Essays und Features zu Literatur und Zeitgeschichte, u. a. über Erika Mann, publiziert in: *Die Kinder der Manns* (Bayerischer Rundfunk/Der Hörverlag 2006); Buchveröffentlichungen: *Fasching als Logik. Über Salomo Friedlaender/Mynona* (1996), *Land meiner Mörder, Land meiner Sprache. Die Schriftstellerin Grete Weil* (1998), *Leopold von Sacher-Masoch* (2003), *Elisabeth von Österreich* (2005, Lesung: Deutsche Grammophon 2006); gemeinsam mit Herbert Kapfer herausgegebene Buchpublikationen: *Weltdada Huelsenbeck. Eine Biografie in Briefen und Bildern* (1996), *Pfemfert. Erinnerungen und Abrechnungen. Texte und Briefe* (1999); lebt in München.

Herbert Kapfer, Leiter der Redaktion Hörspiel und Medienkunst im Bayerischen Rundfunk; Publikationen u. a.: *Sammeltransport. Stücke* (1982); *Umsturz in München. Schriftsteller erzählen die Räterepublik* (1988, mit Carl-Ludwig Reichert); *Vom Sendespiel zur Medienkunst* (1999); *intermedium 2 – Identitäten im 21. Jahrhundert* (2002, mit Peter Weibel); Richard Huelsenbeck: *Dada-Logik 1913–1972* (2012); Hörbücher u. a. *Alles Lalula. Songs und Poeme* (2003, mit Wolfgang Hörner); Robert Musil: *Der Mann ohne Eigenschaften. Remix* (Belleville/Der Hörverlag 2004, mit Katarina Agathos, Klaus Buhlert); Rolf Dieter Brinkmann *Wörter. Sex. Schnitt* (2005 mit Katarina Agathos); *der künstler als junger hund* (2009, mit Margit Rosen); lebt in München.

DER HERAUSGEBER

Das Deutsche Tagebucharchiv in Emmendingen wurde 1998 gegründet. Es hat derzeit einen Bestand von ca. 14.000 Tagebüchern, Lebenserinnerungen und Briefwechseln, vornehmlich aus der Zeit vom Ende des 18. Jahrhunderts bis heute.

DIE TAGEBUCHVERFASSER

Die folgenden Biografien spiegeln die Datenlage wider. Das Deutsche Tagebucharchiv stellte alle im Archiv vorliegenden biografischen Informationen zu den Autorinnen und Autoren zur Verfügung. Einige Tagebücher wurden von Angehörigen transkribiert und bearbeitet, die in Einleitungen oder Schlussbemerkungen über das Leben der Verfasserinnen und Verfasser berichteten. Manche Tagebücher wurden von Personen eingesandt, die noch detailliert über das Leben der Autorinnen und Autoren Auskunft geben konnten. Andere Tagebücher kamen ohne Begleitinformationen ins Archiv: So sind von einigen Verfasserinnen und Verfassern nicht viel mehr als ihr Name (in einem Fall nicht einmal dieser) und jene rudimentären Lebensdaten bekannt, die sich aus den schriftlichen Selbstaussagen ermitteln ließen.

Georg **Becker** (1881 Friedberg–1967 Alzey) arbeitete 1914 als Arzt in Alzey. Ab der zweiten Augusthälfte war er in Etappen-Lazaretten in Elsaß-Lothringen eingesetzt, ab Anfang Oktober in Frankreich in Lazaretten in Nesle westlich von Saint-Quentin und ab Mitte November bis Anfang 1915 in Tourcoing bei Lille. Nach Kriegsende wurde Georg Becker Krankenhausdirektor in Alzey. Er war verheiratet und Vater von vier Kindern.

Gertrud **Blanckenhorn** (1.11.1892 Hildesheim–1959) lebte 1914 in Kassel bei ihren Eltern und arbeitete nach Kriegsbeginn einige Monate als Hilfsschwester in einem Lazarett des Roten Kreuzes. 1916 verlobte sie sich mit einem Gutsbesitzer.

Clara **Bohn** (1901–nach 1992) und Josephine **Bohn** (1904–1942) schrieben auf Veranlassung und unter Anleitung ihres Vaters Joseph Bohn eine Chronik der Kriegsereignisse in ihrem elsässischen Heimatdorf Ingersheim bei Colmar.
Josephine Bohn heiratete später Xavier Groll und starb im Kindbett. Clara Bohn wurde Ordensschwester.

Paula Eleonore **Busse** (22.9.1881 Köln–18.5.1955 Köln) lebte 1914 als Hausfrau und Mutter zweier Kinder in Bensberg bei Köln. Ihr Mann Walter war als Offizier ab Ende September an der Westfront. Er starb am 10. November 1914 in einem französischen Lazarett an Typhus. Paula Busse heiratete später nochmals, die zweite Ehe war unglücklich.

Ernst **Eberlein** (6.2.1885 Sorau/Niederlausitz–13.1.1969) arbeitete 1914 nach seinem Jurastudium bei der Handelskammer in Schweidnitz (heute Świdnica) in Schlesien. Ab August war er als einfacher Soldat in Breslau (heute Wrocław) stationiert. Nach der Tätigkeit für eine Arbeitskompanie meldete er sich zur Infanterie und wechselte im Herbst 1914 zur Artillerie. Nach dem Krieg arbeitete Ernst Eberlein bei verschiedenen Gerichten und Finanzämtern. Er heiratete und hatte zwei Kinder. Während des Zweiten Weltkriegs war er als Offizier in der Verwaltung. Ab 1950 arbeitete er als Buchhalter in Schwerin und Kirchenrendant in Perleberg/Brandenburg.

Siegfried **Eggebrecht** (27.7.1886 Halberstadt–15.8.1984 Freiburg/Breisgau) war evangelischer Theologe. Mitte Dezember 1914 kam er als Feldgeistlicher nach Trosly-Loire nördlich von Soissons in Frankreich. Sein Zwillingsbruder Erich kämpfte an der Westfront. 1915 heiratete Siegfried Eggebrecht Gertrud Sachse. Nach dem Krieg war er Pfarrer in Magdeburg und zwischen 1928 und 1957 Superintendent in Schleusingen/Thüringen. Er war zweimal verheiratet und Vater von vier Kindern.

Otto **Gehrke** (geb. in Pommern–1945/46 KZ Sachsenhausen?) war Fernmeldemechaniker bei der Reichspost, verheiratet und Stadtrat in Berlin-Köpenick. 1914 kämpfte er in der zweiten Augusthälfte in Belgien und ab Anfang September in Frankreich bei Reims. Er soll nach Ende des Zweiten Weltkriegs als Häftling der Roten Armee gestorben sein.

Josef **Glaser** (7.9.1882 Reichenberg/Böhmen–1977 Chatham/Ontario) war 1914 Direktor einer Zuckerfabrik in Helmsdorf bei Halle. Er rückte Ende Juli als Offizier zur österreichisch-ungarischen Armee in Leitmeritz (heute Litoměřice) ein. Nach wenigen Tagen an der Front nordöstlich von Przemyśl wurde er am 29. August bei Komarów von den Russen gefangen genommen, zunächst ins sibirische Tomsk (20. September bis 24. Oktober) und dann weiter nach Südostsibirien gebracht. Vom 10. November 1914 bis 1917 wurde er in Spasskoje gefangen gehalten. In diesen Jahren überarbeitete er sein Tagebuch. Später lebte Josef Glaser wieder bei Halle. Er war verheiratet und Vater von drei Kindern. 1945 floh er in den Westen und emigrierte 1948 nach Kanada.

Hilde **Grapow** (24.4.1898 Halle/Saale–6.9.1999 Freiburg/Breisgau) lebte 1914 als Einzelkind und Tochter eines höheren Bahnbeamten im Kasseler Elternhaus. 1918 heiratete sie den Oberleutnant zur See Karl Palmgren und hatte drei Kinder.

Karl **Groppe** (9.12.1889 Schoningen/Uslar–15.8.1917 Străoane) war als ältestes von acht Geschwistern Erbe des väterlichen Bauernhofes in Schoningen. Er kämpfte als Gefreiter im August 1914 in Belgien und Frankreich. Am 26. August wurde er bei Cambrai schwer verwundet. Anfang November kehrte er an die Westfront zurück und kämpfte nördlich von Reims. Er starb an der Ostfront in Rumänien. Sein Kriegstagebuch sowie Korrespondenz der Familie mit Kameraden und weiteres Material stellte Heinrich Groppe 1938 zusammen.

Milly **Haake** (30.6.1900 Hamm–14.1.1974 Hamm) lebte 1914 im Elternhaus in Hamm und schwärmte für einen verheirateten Mathematiklehrer ihrer Schule, den sie „Enzio“ nannte. Ihr Bruder Wilhelm starb am 25. Dezember 1914 an Wundstarrkrampf infolge von Schussverletzungen, die er an der Ostfront erlitten hatte. Später machte Milly Haake eine pharmazeutische Lehre, absolvierte ein Theologiestudium und arbeitete für die Westfälische Frauenhilfe Soest und ab 1947 als Vertrauensvikarin.

Franz Xaver **Hiendlmaier** (9.5.1892 Augsburg–29.4.1969 Augsburg) war Kaufmann. Nach Lehr- und Wanderjahren meldete er sich 1914 freiwillig und kämpfte ab Mitte November an der Ostfront südlich von Czestochowa (heute Częstochowa). Nach dem Krieg eröffnete Franz Xaver Hiendlmaier ein Geschäft in Brandenburg und heiratete. Während des Zweiten Weltkriegs machte er Dienst bei der Polizei. Nach seiner Flucht nach Bayern 1947 arbeitete er als Kaufmann und Handelsvertreter in Günzburg.

Meta **Iggersheimer** (26.5.1896–14.4.1929 Regensburg) lebte 1914, nachdem sie trotz ihres jüdischen Glaubens ein katholisches Internat besucht hatte, wieder in Amberg bei den Eltern. Ihr Bruder Martin kam erst 1915 an die Front. Meta Iggersheimer heiratete später und starb an Krebs.

Hermann **Johanssen** (14.8.1895 Hohenfriedeberg/Niederschlesien–5.7.1916 Péronne) meldete sich als Kriegsfreiwilliger und kämpfte ab Mitte Oktober 1914 westlich von Metz. Anfang Dezember wurde er an die Ostfront verlegt, wo er zwei Wochen lang bis zu seiner Erkrankung in Galizien südöstlich von Krakau kämpfte. Seine Aufzeichnungen entstanden um die Jahreswende 1914/15 in einem schlesischen Lazarett bzw. in der Garnison in Mülheim/Ruhr. Sie brechen mit dem Hinweis, dass er am 23. Januar 1915 wieder an die Front kommen soll, ab. Hermann Johanssen fiel 1916 an der Westfront.

Marie **Kettler** (9.10.1881 Hardegsen, gest. in Freiburg/Breisgau) war Schwester der Henriettenstiftung in Hannover. 1914 arbeitete sie ab Mitte September als Krankenschwester in Etappen-Lazaretten an der belgisch-französischen Grenze und ab Ende Oktober in Péronne (Frankreich). Das Tagebuch bricht mit der Ankündigung, dass sie Anfang 1915 in eine Offiziers-Klinik kommen soll, ab. Marie Kettler war später in Hannover Diakonissin.

Jakob **Krebs** (16.8.1878 Grasellenbach/Odenwald–1944 Hirschhorn/Neckar) war 1914 Förster in Kürnbach. Er war als Futtermeister in der ersten Augusthälfte bei Mühlhausen (Elsaß-Lothringen), bis Mitte September bei Baccarat in Frankreich und dann vor Pont-à-Mousson bei Metz (Elsaß-Lothringen). Anfang Oktober kam er ins französische Lens.

Hermann Christian **Kurz** (3.9.1896 Nürnberg–29.6.1933 Nürnberg) meldete sich 1914 freiwillig und kämpfte ab Ende Oktober in Frankreich bei Péronne. Später studierte Hermann Christian Kurz Naturwissenschaften und wurde kaufmännischer Direktor. Er heiratete und hatte zwei Kinder. Sein Tagebuch bearbeitete er nach dem Krieg.

Otto Friedrich Leopold **Link** (17.10.1883 Freiburg/Breisgau–10.12.1961 Freiburg/Breisgau) war Telegrafen-Inspektor in Freiburg. Zu Kriegsbeginn war er verheiratet mit Cäcilie Link und Familienvater. Anfang August 1914 kam er als Unteroffizier in die am Rhein gelegene Festung Istein, ab Ende September zum Landsturm nach Kirchen und ab Ende Oktober in die Gegend südlich von Altkirch (Elsaß-Lothringen).

Das **Mädchen** aus Karlsruhe war nach eigenen Angaben bei Kriegsausbruch fünfzehn Jahre alt. Ihr Name ist nicht bekannt. Das Tagebuch bricht mit dem Eintrag vom 18. September 1914 ab.

Adolph **Mathaei** (1853–1921) war 1914 Gymnasialprofessor in Cuxhaven. Er hatte eine Tochter und sechs Söhne, von denen fünf am Krieg teilnahmen. Der Sohn Heinrich geriet schon Anfang September in französische Kriegsgefangenschaft.

Otto **von der Meden** (10.10.1862 Hamburg–18.8.1926 Neukuhren/Ostpreußen) war Landwirt und erwarb 1905 das Rittergut Wolka nahe Neidenburg (heute Nidzica) in Ostpreußen. 1914 meldete er sich freiwillig und kämpfte als Offizier bei Tannenberg, in Schlesien und bei Warschau. Anfang 1917 kehrte er auf sein Gut zurück und trug dort zusammenfassend die Kriegserlebnisse in sein Tagebuch ein.

Eugen **Miller** (9.5.1894 Ellwangen/Jagst–16.2.1965 Fellbach-Oeffingen) machte eine Banklehre und meldete sich 1914 freiwillig. Ab der zweiten Novemberhälfte war er in Frankreich in der Gegend um Montmédy und Stenay in der Etappe. Nach Kriegsende wurde Eugen Miller Filialleiter einer Bank und Direktor der Stuttgarter Pferde- und Viehversicherung. 1941 bis 1943 nahm er als Führer eines Krankenkraftwagens am Zweiten Weltkrieg teil.

Der Name des **Oberst a. D.** (1841–1927) wird auf Wunsch des Tagebucheinsenders nicht genannt. Geboren in Schlesien, hatte er 1893 nach mehr als 33 Jahren als Oberst seinen Abschied genommen. 1914 lebte er in einem Dorf in der Nähe der niederschlesischen Stadt Lüben, zwei seiner drei Söhne kämpften bei der Kavallerie.

Annemarie **Pallat,** geb. Hartleben, (9.8.1875 Hannover–14.9.1972 Berlin) entwarf nach ihrem Malereistudium Puppen- und Kinderkleidung. Sie war verheiratet mit dem Reformpädagogen und Ministerialbeamten Ludwig Pallat. 1914 lebte sie mit ihrem Mann und vier Kindern am Wannsee und war befreundet mit dem aus den Niederlanden stammenden Kunsthistoriker und Sprachwissenschaftler Johannes Andreas Jolles.

Marie **Peter** (11.12.1882 Köndringen–4.5.1926 Kandern) war Rot-Kreuz-Schwester. 1914 begleitete sie ab Mitte August zahlreiche Lazarettzüge von der Westfront nach Deutschland. Während des Kriegs infiziert, starb Marie Peter in einem Sanatorium an Lungentuberkulose.

Richard **Piltz** (30.3.1875 Bitterfeld–30.9.1916) studierte Ingenieur-Wissenschaften. Er war Besitzer und Prokurist der Steinzeugfabrikation Heinrich August Piltz in Bitterfeld, verheiratet mit Loni Piltz und Vater von zwei Söhnen. 1914 kam er als Oberleutnant zunächst ab Mitte August in die Gegend um Metz (Elsaß-Lothringen), kämpfte von Anfang Oktober bis Mitte November in Frankreich östlich von Saint-Mihiel und war dann bis Jahresende in Elsaß-Lothringen östlich von Pont-à-Mousson.

Max **Schmidt** arbeitete 1914 als Abteilungsleiter im Postzeitungsamt Berlin. Er war Anfang dreißig, verheiratet und hatte zwei Kinder. Er begleitete als Feldpostsekretär das Gardekorps in der zweiten Augusthälfte durch Belgien und Anfang September in Frankreich bis südlich von Reims. Nach dem Rückzug und einem Aufenthalt in Bapaume war er im November östlich von Ypern in Belgien und danach in der Etappe in Douai (Frankreich) eingesetzt. Er traf öfter seinen Bruder Otto. Nach Kriegsende war Max Schmidt in Berlin beim Reichspost- und Reichsfinanzministerium. Er bearbeitete sein Kriegstagebuch und ergänzte Fotos und Ansichtskarten.

Elisabeth **Schwarz** lebte 1914 in Freiburg und half einige Wochen in einem Lazarett.

Willy **Straub** kam 1914 als Wagenführer durch Luxemburg, war Ende August bei Longwy, kam dann bis Mitte September über die Argonnen bis südwestlich vor Verdun, wurde auf dem Rückzug Richtung Reims verlegt und kam ab Ende Oktober südlich von Ypern zum Einsatz. Er wurde Ende November an die Ostfront westlich von Warschau verlegt. Das Tagebuch bricht mit dem Eintrag vom 27. Dezember 1914 ab.

Hedwig **Vogel** (5.7.1870 Halberstadt–2.6.1948 Raben bei Belzig/Brandenburg) war mit einem Pfarrer verheiratet und lebte 1914 mit ihren sechs Kindern in Berlin.

Richard **Walzer** (8.2.1892 Mannheim–1964 Waldshut-Tiengen) kämpfte Mitte August 1914 in der Gegend um Altkirch, in der zweiten Augusthälfte in den nördlichen Vogesen (Elsaß-Lothringen) und bis Anfang September in der Gegend um Lunéville (Frankreich). In der zweiten Septemberhälfte bis zu seiner Erkrankung und Mitte Oktober kämpfte er südlich von Laon nahe der Aisne. Infolge des Gewaltmarsches Richtung Saint-Quentin schwer erkrankt, war er ab Dezember 1914 in Bavay westlich von Maubeuge als Schreiber in der Etappe eingesetzt. Ab Februar 1919 arbeitete Richard Walzer in Stuttgart als Prokurist.

Peter **Weber** (9.6.1872 Neunkirchen/Köln–10.2.1959 Siegburg/Köln) arbeitete 1914 auf dem elterlichen Bauernhof. Er war verheiratet und hatte fünf Kinder. Im Oktober 1914 musste er sich stellen und war im luxemburgischen Niederkerschen (heute Nidderkäerjeng) eingesetzt. Nach dem Krieg arbeitete Peter Weber für die Reichspost und nebenberuflich als Kleinbauer. Er wurde wegen seiner Kriegsverletzung frühpensioniert.

Carl Emil **Werner** (1880–1946) lebte 1914 als Kaufmann und Teilhaber am Geschäft des Vaters mit Frau und Kind in Freiburg.

Freifrau von **Wertheim** (geb. 1878) lebte 1914 als Hausfrau und Mutter von vier Kindern in Coburg. Ihr Mann Siegfried war Offizier und ab Ende November 1914 an der Westfront.

DIE SPRECHER

Meike Droste, geboren 1980, absolvierte ihre Schauspielausbildung an der Otto-Falckenberg Schule in München, danach war sie unter anderem Ensemblemitglied bei den Münchner Kammerspielen, am Schauspielhaus Zürich sowie am Berliner Ensemble. Seit der Spielzeit 2006/07 ist Meike Droste am Deutschen Theater in Berlin engagiert. Neben ihren Theaterrollen ist sie auch regelmäßig in Film- und TV-Produktionen zu sehen. 2008 wurde sie für *Mord mit Aussicht* für den Deutschen Fernsehpreis nominiert, 2009 für den Grimme-Preis. Außerdem erhielt sie 2009 den Deutschen Theaterpreis „Faust".

Wolfgang Condrus wurde 1941 in Berlin geboren. Nach seiner Ausbildung zum Schauspieler am dortigen Schiller- und Schlossparktheater übernahm er zahlreiche Theater-, Film- und TV-Rollen. Heute ist er vor allem ein gefragter Synchron- und Hörbuchsprecher, der unter anderem Ed Harris und Jeff Daniels seine Stimme leiht.

DER REGISSEUR

Ulrich Gerhardt, 1934 in Berlin geboren, führte bereits 1965 Hörspielregie für den Sender RIAS. In den 70er Jahren entstanden unter seiner Leitung zahlreiche Hörspiele in Kunstkopf-Stereophonie. Von 1980 bis 1986 leitete er die Hörspielabteilung des Senders Freies Berlin. Schon vier Mal, 1994, 1998, 1999 und 2004, wurden Regiearbeiten Ulrich Gerhardts als Hörspiel des Jahres ausgezeichnet. Heute lebt er als freier Regisseur in Berlin.

1914	ZEITTAFEL
28. Juni	Ermordung des österreichischen Thronfolgers Franz Ferdinand und seiner Frau in Sarajevo.
23. Juli	Österreich-Ungarn stellt ein Ultimatum an Serbien.
28. Juli	Österreich-Ungarn erklärt Serbien den Krieg.
30. Juli	Generalmobilmachung der russischen Armee.
31. Juli	Generalmobilmachung in Österreich-Ungarn und Belgien.
1. Aug.	Deutschland erklärt Russland den Krieg. Generalmobilmachung in Deutschland. Generalmobilmachung in Frankreich. Italien erklärt seine Neutralität.
2. Aug.	Deutscher Einmarsch in Luxemburg. Deutschland fordert freien Durchmarsch durch Belgien. Deutsch-türkischer Bündnisvertrag.
3. Aug.	Deutschland erklärt Frankreich den Krieg. Großbritannien mobilisiert und stellt ein Ultimatum an Deutschland. Rumänien erklärt seine Neutralität.
4. Aug.	Großbritannien tritt in den Kriegszustand mit Deutschland. Deutscher Reichstag bewilligt Kriegskredite, Ermächtigung des Bundesrats zu Verordnungen, innenpolitische Konflikte und wirtschaftliche Auseinandersetzungen werden zurückgestellt. Einmarsch deutscher Truppen in Belgien beginnt.
6. Aug.	Österreich-Ungarn erklärt Russland den Krieg. Serbien erklärt Deutschland den Krieg.
9. bis 16. Aug.	Britisches Expeditionskorps geht in Frankreich an Land.

CHRONIK-BERICHTE	**1914**
Josef Glaser rückt zur österreichisch-ungarischen Armee ein.	28. Juli
Georg Becker, Ernst Eberlein, Otto Gehrke, Karl Groppe, Jakob Krebs, Friedrich Link, Otto von der Meden, Eugen Miller, Richard Piltz, Max Schmidt, Willy Straub, Richard Walzer rücken zum Deutschen Heer ein.	2. bis 6. August
Karl Groppe in Theux, Louveigné, Huy, Offus, Perwez, Ernage, Tournai. Max Schmidt in Ville, Ochain, Jemeppe, Auvelais, Arsimont.	6. bis 24. Aug. 14. bis 26. Aug.

1914	ZEITTAFEL
10. Aug.	Nach Eindringen französischer Truppen ins deutsche Elsaß Schlacht von Mühlhausen, französische Verbände räumen die Stadt.
11. Aug.	Frankreich erklärt Österreich-Ungarn den Krieg. Einmarsch österreichisch-ungarischer Truppen in Serbien.
12. Aug.	Großbritannien erklärt Österreich-Ungarn den Krieg.
12. bis 21. Aug.	Die österreichisch-ungarische Offensive in Serbien scheitert.
15. Aug.	Russische Truppen marschieren in deutschem Ostpreußen ein.
16. Aug.	Die Festung Lüttich wird von deutscher Artillerie zerstört.
17. Aug.	Kämpfe in Stallupönen (Ostpreußen).
19./20. Aug.	Deutsche Truppen besetzen Brüssel. Schlacht bei Gumbinnen, deutsche Armee räumt Teile Ostpreußens.
20. bis 22. Aug.	Schlacht in Lothringen: schwere französische Verluste.
22. Aug.	Einmarsch russischer Truppen in Galizien. Sie werden durch österreichisch-ungarische Truppen in den Schlachten bei Krasnik (23. bis 25. Aug) und Komarów (26. bis 31. Aug) zurückgedrängt.
23. Aug.	Kriegseintritt Japans. Hindenburg übernimmt Führung der 8. Armee (Ostfront).

CHRONIK-BERICHTE	1914
Friedrich Link in Festung Istein, Kirchen. Richard Walzer in Hattstatt, Aspach, an der Ill. Jakob Krebs in Wittenheim, Bruebach, Mühlhausen, Didenheim. Marie Peter begleitet Lazarettzüge. Clara und Josephine Bohn zur französischen Besetzung von Ingersheim.	7. Aug. bis Okt. 8. bis 13. Aug. 9. bis 14. Aug. 17. Aug. bis Ende Dez. 21. bis 28. Aug.
Richard Piltz in Peltre, Chérisey, Orny, Maizières-lès-Metz. Georg Becker in Lazaretten in Bensdorf, Avricourt, Mörchingen. Richard Walzer in Dagsburg, Sankt Leon, im Forêt Sainte-Barbe, in Saint-Benoît, Ménil-sur-Belvitte. Jakob Krebs in Niederweiler, Brudersdorf, Harzweiler, Niederhof, Vacqueville, Laronxe, Baccarat, Maizières-lès-Vic, Dieuze, Vandières, Fey-en-Haye, Villers-sous-Prény, Vilcey-sur-Trey, Jaulny, Peltre.	11. Aug. bis Anf. Okt. 19. Aug. bis 27. Sept. 20. bis 25. Aug. 21. Aug. bis Anf. Okt.
Josef Glaser in Wysocko, Dachnów, Zielone, Janówka, Komarów.	25. bis 29. Aug.

1914	ZEITTAFEL
25. Aug.	Zerstörung der Bibliothek von Löwen durch deutsche Truppen. Einnahme der Festung Namur.
26. bis 30. Aug.	Schlacht bei Tannenberg, Vernichtung der russischen Narew-Armee.
28. Aug.	Seegefecht nahe der Insel Helgoland. Die deutsche Kolonie Togo wird an die Briten übergeben.
1. bis 10. Sept.	Schlacht bei Lemberg, Rückzug der österreichisch-ungarischen Armee, Einschließung der Feste Przemyśl (in der Folge mehrfach von russischen Truppen belagert).
2. Sept.	Deutsche Truppen erreichen die Marne, bedrohen Paris. Die französische Regierung zieht sich nach Bordeaux zurück. Russische Truppen besetzen Lemberg.
5. bis 12. Sept.	1. Marne-Schlacht auf einer 300 km (von Meaux bis Verdun) verlaufenden Front.
7. bis 15. Sept.	Schlacht an den Masurischen Seen (Ostpreußen).
12. Sept. bis 24. Okt.	1. Schlacht an der Aisne.
14. Sept.	Ablösung Moltkes als Generalstabschef durch Falkenhayn.
18. bis 20. Sept.	Beschießung der Kathedrale von Reims durch deutsche Truppen.
9. Okt.	Einnahme Antwerpens.
20. Okt. bis Mitte Nov.	1. Flandern-Schlacht.
28. Okt.	Flandrisches Küstengebiet wird von Belgiern geflutet.
29. Okt.	Osmanisches Reich tritt in den Krieg ein. Die türkische Flotte beschießt russische Häfen am Schwarzen Meer.

CHRONIK-BERICHTE	1914
Otto Gehrke in Rogery, Andenne, Héron, Namur (Fort d'Emines), Romerée, Petit Doische, Agimont.	18. Aug. bis Anf. Sept.
Otto von der Meden bei Hohenstein.	um 30. Aug.
Willy Straub in Saint-Pancré, Tellancourt, Longuyon, Louppy-sur-Loison, Murvaux. Karl Groppe in Bévillers, Beauvois-en-Cambrésis.	21. bis 30. Aug. 25. bis 26. Aug.
Max Schmidt in Marly, Brugny, Morains, Bergères-lès-Vertus, Taissy. Willy Straub in Foucaucourt, Évres, Pretz-en-Argonne, Brizeaux. Marie Kettler in Lazaretten in Anor, Fourmies.	29. Aug. bis 9. Sept. 1. bis 12. Sept. 18. Sept. bis 20. Okt.
Richard Walzer in Aizelles, Sainte-Croix, Craonelle und Craonne. Richard Walzer in Craonne.	19. bis 29. Sept. 12. bis 19. Okt.
Otto Gehrke in Normée, Moronvilliers, Vaudesincourt.	6. Sept. bis Mitte Nov.
Max Schmidt in Menin, Kœlberg. Willy Straub in Haubourdin, Warneton. Georg Becker in Lazarett in Nesle. Georg Becker in Lazarett in Tourcoing.	9. bis 27. Nov. 20. Okt. bis Ende Nov. 4. Okt. bis Mitte Nov. 17. Nov. bis 31. Dez.

1914	ZEITTAFEL
1. Nov.	Hindenburg und Ludendorff erhalten den Oberbefehl über die Ostfront.
7. Nov.	Der deutsche Marinestützpunkt Tsingtau kapituliert vor den Japanern.
8. Nov. bis 15. Dez.	Niederlagen und Rückzug der serbischen Armee.
Mitte Nov.	Übergang der gesamten Westfront zum Stellungskrieg.
16. Nov.	Offensive der österreichisch-ungarischen Armee in Galizien und Russisch-Polen.
2. Dez.	Die österreichisch-ungarische Armee besetzt Belgrad.
6. Dez.	Deutsche Truppen nehmen Lodz ein.
8. Dez.	Ein deutsches Kreuzergeschwader wird bei den Falkland-Inseln vernichtet.
8. Dez. 1914 bis 17. März 1915	Winterschlacht in der Champagne
15. Dez.	Serbische Truppen erobern Belgrad zurück.
17. bis 20. Dez.	1. Artois-Offensive
20. Dez.	Türkische Truppen rücken bis zum Suezkanal vor.
21. Dez.	Britische Truppen erobern Basra.

CHRONIK-BERICHTE	1914
Am Saint-Mihiel-Bogen: Richard Piltz im Forêt d'Apremont, in Buxerulles. Richard Piltz in Louvigny (Lothringen). Um Reims: Otto Gehrke in Rouvroy, Tahure. Karl Groppe in Brimont, Bourgogne. In Nordfrankreich: Hermann Christian Kurz in Flaucourt, Herbécourt, Dompierre. Marie Kettler in Lazarett in Péronne. Max Schmidt in Douai. Siegfried Eggebrecht als Feldgeistlicher in Trosly-Loire. Im Elsaß: Friedrich Link in Hirzbach.	 5. Okt. bis 18. Nov. 20. Nov. bis 31. Dez. Mitte Nov. bis 31. Dez. 6. Nov. bis 31. Dez. 23. Okt. bis 31. Dez. 23. Okt. bis 31. Dez. 28. Nov. bis 31. Dez. 15. bis 31. Dez. Ende Okt. bis 31. Dez.
Franz Xaver Hiendlmaier in Krasawa, Siedlec. Franz Xaver Hiendlmaier in Złotniki, an der Nida bei Małogoszcz, im Wald von Papiernia. Hermann Johanssen an der Lososina, in Limanowa.	15. Nov. bis Mitte Dez. 20. bis 31. Dez. 4. bis 19. Dez.
Willy Straub in Włocławek, Gąbin, Sanniki, Kiernozia, Wisowa, Rybno.	30. Nov. bis 31. Dez.
Jakob Krebs in Lens und Loos-en-Gohelle.	9. Okt. bis 31. Dez.

Textauswahl von Lisbeth Exner und Herbert Kapfer
Gelesen von Meike Droste und Wolfgang Condrus
Regie: Ulrich Gerhardt
Technik: Peter Kainz/h2 Studio, Berlin
Produktion: Der Hörverlag 2014

Das der *Verborgenen Chronik* insgesamt leitmotivisch vorangestellte Zitat ist dem Text *Die schärfste Ideologie: dass die Realität sich auf ihren realistischen Charakter beruft* entnommen. In: Alexander Kluge: *Gelegenheitsarbeit einer Sklavin. Zur realistischen Methode.* Frankfurt am Main: Suhrkamp 1975, S. 215.